essentials

Springer Essentials sind innovative Bücher, die das Wissen von Springer DE in kompaktester Form anhand kleiner, komprimierter Wissensbausteine zur Darstellung bringen. Damit sind sie besonders für die Nutzung auf modernen Tablet-PCs und eBook-Readern geeignet. In der Reihe erscheinen sowohl Originalarbeiten wie auch aktualisierte und hinsichtlich der Textmenge genauestens konzentrierte Bearbeitungen von Texten, die in maßgeblichen, allerdings auch wesentlich umfangreicheren Werken des Springer Verlags an anderer Stelle erscheinen. Die Leser bekommen „self-contained knowledge" in destillierter Form: Die Essenz dessen, worauf es als „State-of-the-Art" in der Praxis und/oder aktueller Fachdiskussion ankommt.

Werner J. Patzelt

Abgeordnete und ihr Beruf

Von wahren Vorurteilen und falschen Vorverurteilungen

Werner J. Patzelt
TU Dresden
Dresden, Deutschland

ISSN 2197-6708   ISSN 2197-6716 (electronic)
ISBN 978-3-658-05449-6   ISBN 978-3-658-05450-2 (eBook)
DOI 10.1007/978-3-658-05450-2

Die Deutsche Nationalbibliothek verzeichnet diese Publikation in der Deutschen Nationalbibliografie; detaillierte bibliografische Daten sind im Internet über http://dnb.d-nb.de abrufbar.

Springer VS
© Springer Fachmedien Wiesbaden 2014
Das Werk einschließlich aller seiner Teile ist urheberrechtlich geschützt. Jede Verwertung, die nicht ausdrücklich vom Urheberrechtsgesetz zugelassen ist, bedarf der vorherigen Zustimmung des Verlags. Das gilt insbesondere für Vervielfältigungen, Bearbeitungen, Übersetzungen, Mikroverfilmungen und die Einspeicherung und Verarbeitung in elektronischen Systemen.

Die Wiedergabe von Gebrauchsnamen, Handelsnamen, Warenbezeichnungen usw. in diesem Werk berechtigt auch ohne besondere Kennzeichnung nicht zu der Annahme, dass solche Namen im Sinne der Warenzeichen- und Markenschutz-Gesetzgebung als frei zu betrachten wären und daher von jedermann benutzt werden dürften.

Gedruckt auf säurefreiem und chlorfrei gebleichtem Papier

Springer VS ist eine Marke von Springer DE. Springer DE ist Teil der Fachverlagsgruppe Springer Science+Business Media
www.springer-vs.de

Vorwort

Ursprünglich stand dieser Beitrag im 2012 von Stephan Braun und Alexander Geisler herausgegebenen Band „Die verstimmte Demokratie". Verstimmt, nicht mehr in der richtigen Harmonie ihrer Saiten erklingend, ist einerseits unsere Demokratie – zwar ein gutes Instrument, doch sauberes Spiel derzeit nicht recht zulassend. Und verstimmt sind andererseits viele Bürger – weil sie allzu viele schräge Töne hören und deren Ursachen oft falsch einschätzen. Jener Band brachte eine recht umfängliche Phänomenologie und Diagnose von beiderlei Verstimmung. Der nachstehende Beitrag trug zu ihm eine Analyse unserer Parlamentarier und ihrer öffentlichen Wahrnehmung bei. Für diese Veröffentlichung wurde der Text leicht überarbeitet.

Inhaltsverzeichnis

1 Was man so weiß 1

2 Wie es wirklich ist 3

3 Wo sich Vorurteile und Missverständnisse finden 7

4 Wo es Missstände gibt 11

Literatur 15

Was man so weiß

*Was kann schöner sein auf Erden, als Politiker zu werden.
Vom Überfluss der Diäten platzen dir die Taschen aus den
Nähten. Du kannst dir auf leisen Sohlen dein Schäfchen ins
Trockne holen. Prost! Es lebe die Partei! Frisch und fromm
und steuerfrei!*

So dichtete einst Reinhard Mey, und so spricht er bis heute Millionen von Deutschen aus der Seele. Faul, abgehoben, überbezahlt sind die Abgeordneten, und sie fallen – so einst Franz-Josef Strauß – lieber auf Feuerwehrfesten herum, als sich geistig ins Zeug zu legen. Im Parlament tragen sie ihre Meinungsverschiedenheiten höchst unsachlich aus, stellen nicht des Gemeinwohls willen die Interessen durchsetzungskräftiger Gruppen zurück und erfüllen ihre Arbeit weder in angemessener Zeit noch kostengünstig.[1]

Kein Wunder, dass auf der Ansehensskala ausgewählter Berufe die Parlamentarier stets weit unten stehen. Dabei ist der Hang zur politischen Heldenverehrung ungebrochen: Auf den Heilsbringer Gorbatschow folgte der Messias Obama, um von Mao und Ho Chi Minh auf den Heiligenbildern studentenrevolutionärer Prozessionen ganz zu schweigen. Selbst deutsche Politiker ehrt man – freilich erst, wenn sie sind wie Willy Brandt, steinalt wie Helmut Schmidt oder jeder Alltagsdimension entrückt wie Richard von Weizsäcker.

Im Grunde mögen die Deutschen nur Staatsmänner, nicht aber die Politiker wie man sie so kennt. Am schlimmsten trifft es die Abgeordneten als untersten Rang reiner Berufspolitik. Die schützt kein respektheischendes Exekutivamt, sondern exponiert ihre Mitgliedschaft in einer auf Öffentlichkeit angewiesenen „Quasselbude", aus der sterile Aufgeregtheit dröhnt. Auch misst man den kaum dreißigjährigen Parlamentsneuling wie den grauen Hinterbänkler am schönen Schein der

---

[1] Die Ausführungen des Beitrags stützen sich auf mehrere, im Literaturverzeichnis angegebene Forschungsprojekte und Veröffentlichungen des Verfassers.

Größten. Also bewertet man ihn schlecht – als sei es kritikwürdig, wenn ein Fußballer nicht spielt wie einst Pelé. Doch auch unter Parlamentariern gibt es eben eine Leistungspyramide. Außerdem finden sich große Unterschiede zwischen deren Nah- und Fernbild: Abgeordnete, die man persönlich kennt, schätzt man mehr als die persönlich unbekannten. Die Selektions- und Darstellungslogik der Medien ist hier am Werk, melden sie doch besonders oft das Misslingende oder Skandalisierbare. Dann aber muss nicht wundern, wenn die Arbeit unserer Parlamentarier anders wirkt, als sie ist.

Wie es wirklich ist 2

Etwa die Hälfte ihrer Arbeitszeit verwenden deutsche Abgeordnete auf die Arbeit am Sitz des Parlaments, ein Drittel auf die im Wahlkreis, den Rest auf sonstige Verpflichtungen aus dem Mandat. Das entspricht auch ziemlich ihren Wünschen. Bei alledem prägen Gremientätigkeit und Kontakthalten im Wahlkreis den Arbeitsalltag – und viel weniger der Blick oder die solide Planung über das Tagwerk hinaus. Dabei hat ein nicht geringer Teil der Abgeordneten parlamentarische Funktionen und ist, auf unterer und mittlerer Ebene, in Führungsverantwortung eingebunden. Zumal große Fraktionen sind nicht nur arbeitsteilig fein ausdifferenzierte, sondern auch hierarchisch vielschichtig gegliederte Gebilde. In ihnen sorgen periodische fraktionsinterne Wahlen dafür, dass nur der seine Position behält oder gar verbessert, wer im Konsens mit dem breiten Mittelbau der Fraktion agiert und die Fühlung mit der Fraktionsbasis nicht verliert. Im Übrigen sind „Hinterbänkler" und ganz einflusslos zum „Fußvolk" gehörende Abgeordnete durchaus nicht typisch. In kleinen Fraktionen kommen sie kaum vor, und in großen Fraktionen handelt es sich bei ihnen oft um „Wahlkreisfürsten" mit innerparteilichem Gewicht in der Region. Natürlich gibt es aber auch Abgeordnete, die ihr Beruf an die Grenzen ihrer Leistungsfähigkeit bringt.

Was tun die Volksvertreter in jenen Wochen, die sie am Sitz des Parlaments verbringen? Im Durchschnitt haben sie dann eine Arbeitswoche von 65 h. Bei den Landtagsangeordneten liegt dieser Wert niedriger, bei Bundestagsabgeordneten klar höher. Und er überschreitet, was normalen Arbeitnehmern als akzeptabel gilt. Dabei entfallen auf Sitzungen von Arbeitskreisen und Arbeitsgruppen sowie auf Fraktionsvollversammlungen durchschnittlich vier Wochenstunden, auf Ausschusssitzungen rund 5 h, auf Plenarsitzungen – deren Zeit oft für andere, parallele Tätigkeiten genutzt wird – an die 6 h. Sonstige Sitzungen nehmen rund 3 h in Anspruch, Vorbesprechungen von Sitzungen etwa zwei. An die 9 h entfallen auf Besprechungen mit Ministerien, Behörden, Verbänden und Interessengruppen oder Mitarbeitern. Auf sonstige informelle Kontakte mit Kollegen werden rund zwei

Wochenstunden verwendet, auf Kontakte mit Journalisten eine gute Stunde, auf Auftritte als Referent oder Diskussionsteilnehmer oder in ähnlicher Rolle knapp 3 h, auf wahlkreisbezogene Tätigkeiten, von denen man sich auch in Parlamentswochen nicht dispensieren kann, durchschnittlich 4 h. Die Schreibtischarbeit – Post, Telefonate, Lektüre, Ausarbeitung und sonstige persönliche Vorbereitungsarbeit – schlägt mit rund 13 h zu Buche. Hinzu kommen rund 3 h für in Parlamentswochen geleistete Parteiarbeit sowie für sonstige politische oder gesellschaftliche Funktionen.

Während bei solcher Parlamentsarbeit die Kontrolle der Regierung und das Werk an Gesetzesvorhaben im Vordergrund stehen, geht es bei der Wahlkreisarbeit vor allem um Bodenhaftung sowie um die Sicherung von Renominierung und Wiederwahl. Dafür muss ein Abgeordneter den Kontakt zur politischen Basis pflegen, also die Beziehungen zu den Grundgliederungen seiner Partei. Auch mit den Bürgern seines Wahlkreises oder – im Fall von Listenmandataren – „Betreuungsgebiets" muss er, unmittelbar oder über die Organisationen des vorpolitischen Raums, im Kontakt bleiben. Er muss Tuchfühlung halten mit den administrativen, wirtschaftlichen und gesellschaftlichen Eliten sowie mit den Journalisten seines Wahlkreises, um sowohl selbst gut informiert zu sein als auch die jeweils nötigen Strippen ziehen zu können. Er muss ebenfalls eng mit den Kommunen und ihren Vertretern zusammenwirken, um bei der Weiterentwicklung des Wahlkreises und dessen Infrastruktur hilfreich zu sein. Und die meisten dieser Tätigkeiten muss er in geeigneter Weise öffentlich machen, da er weniger nach seinen tatsächlichen Leistungen, sondern vor allem nach dem öffentlichen Eindruck beurteilt wird.

Viele für erfolgreiche Wahlkreisarbeit nötige Beziehungen ergeben sich aus den nicht-parlamentarischen und außerparteilichen Funktionen eines Abgeordneten. Etliche davon entstehen während der ins Parlament führenden politischen Laufbahn als deren Begleiterscheinung oder Voraussetzung; andere werden einem Parlamentarier angetragen, bisweilen auch von ihm bewusst angestrebt, um den persönlichen Rückhalt im Wahlkreis oder auf den bearbeiteten politischen Sachgebieten zu stärken. Gar nicht wenige Volksvertreter üben zugleich kommunalpolitische Mandate in Gemeinde- und Stadträten aus, nicht selten auch in Kreistagen. Betrachtet man alle Vernetzungen der Abgeordneten, dann kann von einer Fixierung auf ihre parlamentarische Tätigkeit oder von einem „Abheben" aus konkreten gesellschaftlichen Bezügen keineswegs die Rede sein (hierzu detailliert: Patzelt und Algasinger 2001).

Im Zeitbudget von „Wahlkreiswochen" spiegelt sich das alles. Freilich verbergen sich hinter den Durchschnittswerten große individuelle Abweichungen, zumal zwischen den Abgeordneten großer und kleiner Parteien sowie zwischen Landes- und Bundesparlamentariern, viel weniger allerdings zwischen Direkt- und Listenmandataren. Letztere sind ja meist „unterlegene Direktkandidaten" und verhalten sich im Wahlkreis ganz wie diese. Rein durchschnittlich verwenden sie alle in „Wahlkreiswochen" 54 h für ihre politische Arbeit. Zudem entfallen auf Fahr- und Wegzeiten, typisch für die Wahlkreisarbeit, knapp 8 h. Je 2 h werden im Durchschnitt verwendet auf Besuche von Gemeinden oder Betrieben, auf Besprechungen mit Vertretern von Interessengruppen, Behörden oder kommunalen Mandatsträgern. Die Parteiarbeit nimmt etwa 5 h, die Tätigkeit in sonstigen gesellschaftlichen und politischen Funktionen oder in Verbänden gut vier Wochenstunden in Anspruch. Öffentliche Auftritte auf politischen Versammlungen, auf Seminaren oder sonst wo als Referent bzw. Diskussionsredner verlangen 4 h, gesellschaftliche Veranstaltungen wie Einweihungen, Jubiläen und Feste etwa 2 h. Kontakte mit Journalisten sowie spezielle Bürgersprechstunden schlagen mit durchschnittlich einer Stunde zu Buche. 16 h entfallen auf die Erledigung von Post, auf Telefonate, Lektüre und persönliche Vorbereitung. Auch die Wahlkreisarbeit von Abgeordneten ist also im Kern Vernetzungs- und Kommunikationstätigkeit, zum nennenswerten Anteil auch Schreibtischarbeit. Weniger noch als die im Lauf der Parlamentsarbeit anfallenden Tätigkeiten werden viele Bürger das alles als „echte Arbeit" auffassen. Das führt zu Missverständnissen des Berufs und der professionellen Leistungen der Abgeordneten.

Wo sich Vorurteile und Missverständnisse finden 3

Besonders große Verständnismängel der Bürger gibt es dort, wo es überhaupt um die Maschinerie der Demokratie geht, um ihre Strukturen und Funktionslogik. Besonders betroffen sind davon Parlament und Regierung, Parteien und Verbände, auch die Massenmedien – und obendrein die Bürgerschaft selbst, die über ihre eigenen Kenntnis- und Verständnisdefizite nicht auf dem Laufenden ist. Bei alledem hat es den Anschein, als stamme ein Großteil systemverdrossenen Grummelns und desinspirierender Erwartungen aus sehr tiefen Schichten unserer politischen Kultur. Es sind die Tiefen überkommener Bilder vom Staat, die Überholtes bewahren. Im Grunde wendet sich veraltetes politisches Denken gegen moderne Institutionen, unkritisch in Geltung gehaltene Verfassungsideologie gegen eine durch Erfahrung belehrte Verfassungspraxis. Eine solche Lage der Dinge lässt sich als *latenter Verfassungskonflikt* bezeichnen: ein Konflikt zwischen vermuteter und gelebter Verfassung, der außerdem Gift freisetzt im Verhältnis zwischen denen außerhalb und innerhalb professioneller Politik (detailliert hierzu: Patzelt 1998). Es funktioniert nämlich unser Regierungssystem ziemlich anders, als viele Bürger das glauben, und die politische Klasse folgt oft völlig systemadäquaten Regeln dort, wo das Volk Unrat wittert. Hinzu kommt, dass obendrein rund ein Viertel des Kerns unserer politischen Klasse, nämlich der hauptberuflichen Abgeordneten, ebenfalls unser Regierungssystem missversteht und deshalb dem Volk falsche Zeugen stellt, wenn an den Stammtischen der Nation unseren politischen Institutionen der Prozess gemacht wird.

Vorurteile füllen dabei Wissenslücken. Vom Bundestag, den die Bürger doch alle vier Jahre wählen und der von den Verfassungsinstitutionen den Bürgern am leichtesten zugänglich ist, sagten Mitte der 1990er Jahre mehr als 60 % des Volks, über seine Arbeitsweise erführe man zu wenig. Tatsächlich konnte damals, ohne weitere Hinweise, auch nur gut jeder Zweite Angaben dazu machen, wo denn – außer im fernsehbekannten Plenarsaal – die Arbeit des Bundestages stattfinde. Auf so dünner Wissensgrundlage kommt es natürlich zu Fehleinschätzungen sowohl des Parlaments als auch seiner Rolle im Regierungssystem. Vor allem wissen zwar gut 60 % der Deutschen, dass in unserem Land die Regierung aus dem Parlament hervorgeht und dem aus Regierung sowie regierungstragenden Fraktionen gebildeten Führungszentrum die parlamentarische Minderheit als Opposition gegenübersteht. Doch dass ein Regierungssystem gerade so, nämlich als ein *parlamentarisches*, auch aufgebaut sein *sollte*, meinen nur 40 % der Bürger. Überaus populär ist unter ihnen das ganz gegenteilige Konstruktionsprinzip des *präsidentiellen* Regierungssystems, in dem das Volk einesteils den tatsächlichen Führer der Regierung, andernteils ein Parlament wählt, das der Regierung als Ganzes gegenübersteht. Bei den stets wiederkehrenden Forderungen nach einer Direktwahl des Bundespräsidenten oder der Ministerpräsidenten der Länder kommt eben das zum Vorschein. Und vergleicht man die Angaben zum *gewünschten* Regierungssystem mit dem *als bestehend wahrgenommenen*, so zeigt sich gar: Für 15 % der Deutschen wirkt das präsidentielle Regierungssystem wie ein leider nicht verwirklichter Normalzustand, während 21 % das etablierte parlamentarische Regierungssystem als eine Abweichung von der eigentlich erstrebenswerten Norm auffassen.

Dieser Grundkonflikt um die „Richtigkeit" des etablierten Regierungssystems zieht sich als selbstverständliches und eben deshalb unbemerktes Grundgefühl auch durch das übrige Spektrum der populären Einstellungen zu unserer Verfassungsordnung. Dahinter steht der geistesgeschichtlich tief verankerte Glaube an die Richtigkeit der Vermutung, Gewaltenteilung ließe sich nur in Gestalt des „Alten Dualismus" zwischen Exekutive und Legislative verwirklichen. Verfestigt hat diesen Glauben die deutsche Staatslehre des 19. Jahrhunderts, welche die Legislative möglichst weit vom Wirkungsbereich der „vorwaltenden Kronmacht" fernhalten wollte; und popularisiert wurde der „Alte Dualismus" im 20. Jahrhundert durch jene sehr flache Darstellung von Montesquieus Gewaltenteilungslehre, die so lange so viele Schulbücher kennzeichnete (siehe Hättich 1985). Das stabile präsidentielle Regierungssystem der USA wurde dabei zum Kronzeugen für die Richtigkeit dieser Position.

Unterm Strich trifft der „Neue Dualismus" des parlamentarischen Regierungssystems im Volk auf Missverständnisse und Ablehnung. Etwa 57 % der Deutschen halten dessen natürliche Konsequenz für falsch, dass nämlich die Führer der bei Wahlen siegreichen Parteien vom errungenen Parlamentsmandat aus in die Regierungsämter einrücken und Minister werden. Weiterhin wird verkannt, dass es anschließend die zentrale Aufgabe der Parlamentsmehrheit ist, die Regierung gemäß parlamentarischem Mehrheitswillen kontrollierend auf Kurs und insgesamt im Amt zu halten. Und während der Opposition keineswegs die Pflicht zukommt, der gegnerischen (!) Regierung beim Regieren zu helfen, meinen genau das seit Jahrzehnten zwei Drittel der Bürger. Wenn obendrein nur jeder Zweite die öffentliche Kritik der Regierungspolitik für eine Aufgabe der Opposition hält, muss es nicht wundern, dass völlig systemkonformer Streit zwischen Regierungslager und Opposition die Deutschen tatsächlich verdrießt.

Aus eben dem Wettstreit von Koalitions- und Oppositionsfraktionen resultiert im Parlament Mannschaftsdisziplin. Am sichtbarsten wird sie im meist fraktionseinheitlichen Abstimmungsverhalten im Plenum. Doch über die Hälfte der Deutschen lehnt solch geschlossenes Abstimmen im Fraktions- oder Koalitionsverbund ab. Außerdem meint jeder Zweite ganz an den Tatsachen vorbei, der Sinn einer Plenardebatte könne nicht darin bestehen, bereits im Fraktionsverband vereinbarte Positionen vorzutragen. Wer – wie die meisten Deutschen – nicht weiß, dass sich Willensbildung und Entscheidungsfindung des Parlaments gerade nicht im Plenum vollziehen, sondern in den Fraktionen, wird auch kaum zu einem anderen Urteil kommen können.

Im Übrigen erklärt sich zwar ein beträchtlicher Teil der Bürger ganz richtig das übliche Zustandekommen einheitlichen Abstimmungsverhaltens: Man stimme fraktionsweise einheitlich ab, weil sonst der politische Gegner eigene Zerstrittenheit ausnutzen könne, und man diskutiere eben solange, bis die Mehrheit der Fraktion gemeinsamer Meinung sei, welcher sich dann die Minderheit anschließe. Nicht weniger als 39 % der Deutschen glauben aber trotzdem auch an eine pure Fiktion: „Der Fraktionsvorstand beschließt den Fraktionszwang. Das heißt, dass alle Abgeordneten der Fraktion einheitlich abstimmen müssen". Plausibel ist für die Bürger die Existenz von „Fraktionszwang" aber nicht nur deshalb, weil sie die wirkliche Parlamentsarbeit kaum kennen. Sie schätzen auch das Verhältnis zwischen den Abgeordneten und ihren Parteien völlig falsch ein: Nicht weniger als 42 % der Bürger vermuten, die meisten Abgeordneten hätten gerade keine Führungspositionen in ihren Parteien und somit wenig parteiinternen Einfluss. Dann freilich wirkt es überaus wahrscheinlich, dass fernsehbekannte Spitzenpolitiker ihren Kollegen von den parlamentarischen Hinterbänken Vorschriften machen können.

Obendrein gibt es auch besonders viele Vorurteile zum Verhältnis zwischen dem Abgeordneten und seiner Partei. Oft lagern sie sich um die Gegenüberstellung der Grundgesetzartikel 38 und 21. Der erste garantiert das freie Mandat des Abgeordneten, der andere die Rolle von Parteien. Nun ist es so, dass die bis heute tragenden Vorstellungen von der richtigen Rolle eines Abgeordneten ausformuliert wurden, *bevor* – in der zweiten Hälfte des 19. Jahrhunderts – in ihrer Willensbildungsfunktion leistungsstarke Parteien auf die politische Bühne getreten waren und Massendemokratie überhaupt erst möglich machten. Diese Ungleichzeitigkeit lässt nun freilich die durch die nunmehrige Existenz von Parteien gegenüber dem Frühparlamentarismus veränderte Rolle des Abgeordneten als eine „Abweichung" vom einstigen angeblichen „Ideal" erscheinen. Doch in Wirklichkeit wurde die

Rolle des Abgeordneten nur *komplexer,* weil sich zwischen Parlament und Gesellschaft seither *zusätzliche* Vermittlungsstrukturen demokratischer Willensbildung herausgebildet haben. In diesen haben die meisten deutschen Abgeordneten mehr oder minder wichtige Funktionen. Nicht einmal jeder zehnte Volksvertreter übt keinerlei Parteifunktionen aus, während knapp drei Viertel der Parlamentarier Vorsitzenden- und Vorstandsfunktionen auf den unterschiedlichen Organisationshöhen ihrer Parteien innehaben. Die wichtigste innerparteiliche Verankerungsebene ist überall die Kreis- bzw. Unterbezirksebene als operative Basis aller Parteien. In der Person der Abgeordneten *verschränkt* sich so die innerparteiliche mit der innerparlamentarischen Willensbildung, wobei es sich um die Kopplung zweier gerade *nicht* wechselseitig aufeinander zurückzuführender Willensbildungsprozesse handelt. Dabei erlebt nur ein Fünftel der Abgeordneten häufiger Konflikte zwischen ihren persönlichen Ansichten und jenen ihrer Partei, während für knapp die Hälfte solche Konflikte selten sind. Also ist es für einen Abgeordneten durchaus kein Widerspruch, zugleich ein freies Mandat auszuüben und sich als – zumindest regionaler – Führer seiner Partei solidarisch und loyal zu ihr zu verhalten.

Im Übrigen kann man in der Regel nur als Direktkandidat einer Partei oder dank eines „sicheren Listenplatzes" sein Parlamentsmandat erringen oder behalten. Also muss einem Abgeordneten parteitragendes Verhalten nicht erst „aufgezwungen" werden: Nicht nur teilt er die Grundsätze seiner Partei, sondern nützt sich dadurch selbst. Allenfalls in Spitzenpositionen kann Profilierung auf Kosten der Partei kurzfristige Vorteile bringen. Die Folge, nämlich geschlossenes Auftreten einer Fraktion im Parlamentsplenum, halten die meisten Abgeordneten denn auch für nicht nur erforderlich, sondern ebenfalls für akzeptabel. Wahr ist allerdings, dass jeder dritte Mandatsträger meint, die meisten Parlamentarier hätten in ihren Fraktionen nicht viel zu sagen, und dass ebenso jeder Dritte behauptet, der Gewissensfreiheit gehe oft der „Fraktionszwang" vor. Anscheinend erleben nicht wenige Abgeordnete die Fraktionsdisziplin nicht *nur* als Folge innerfraktioneller Arbeits- und Zuständigkeitsverteilung, sondern empfinden Mal um Mal schmerzlich, welch klare Grenzen die – auf Mannschaftsbildung hinwirkende – Funktionslogik eines parlamentarischen Regierungssystems dem sich nicht einfügenden Individualhandeln setzt. Dennoch hält nur ein Viertel der Abgeordneten eine Auflockerung der Fraktionsdisziplin für wichtig.

Das alles vor Augen, führt wohl kein Weg an folgender Einsicht vorbei: Gerade wenn unser parlamentarisches Regierungssystem so funktioniert, wie es seiner Funktionslogik *entspricht,* zieht es die Kritik der Bürger auf sich und auf die Abgeordneten als seine zentralen Akteure. Also macht das Volk den Abgeordneten nicht erst ihre Politik, sondern bereits dem parlamentarischen Regierungssystem sein tatsächliches, ganz ordnungsgemäßes Funktionieren zum Vorwurf.

Wo es Missstände gibt 4

Es liegt aber auch an den Parlamentariern, dass sie sich nun mit den Bürgern schwertun. Sie haben nicht nur das Volk verzogen durch Verantwortungsimperialismus, unnachhaltige Gestaltungsillusionen sowie jene Form sozialpolitischer Wählerbestechung, die – nicht nur in Deutschland – zur übergroßen Staatsverschuldung führte. Sie haben auch – zunächst im Westen, inzwischen auch im Osten – in langen Zeiten politischer Normalität einen selbstbezüglichen Mikrokosmos der politischen Klasse aufgebaut: Der Zugang zur Politik verlangt nach immer mehr Professionalität von sich immer früher auf eine politische (Erst-)Laufbahn festlegenden Leuten. Also finden sich unter den jetzigen Abgeordneten überwiegend Netzwerker, die außer dem politischen Handwerk und seinen Begleitdisziplinen wenig gelernt haben. Ohne ihre politischen Ämter sind sie oft nichts Besonderes, in ihren Ämtern aber meist auch nicht so große Virtuosen, dass man ihnen Aufstieg und Pfründe gerne gönnte. Obendrein tun sich ihre Erfolgreichsten immer wieder mit der stolzen Bekundung hervor, um die Lebensmitte wollten sie aus der Politik ausscheiden und gleichsam das „eigentliche" Leben beginnen. Schön für sie – doch warum sollten es Bürger für schön halten, von Leuten regiert zu werden, die den Dienst für sie und das Land als biographisches Vorspiel nehmen, nicht aber eine vorgängige Bewährung „im normalen Leben" als Voraussetzung für den Politikerberuf mitbringen? Manchen wird außerdem kränken, dass er selbst – außerhalb der Politik Respektables geworden – nun gar keine Chancen mehr hat, dem Gemeinwesen an verantwortlicher Stelle zu dienen, obwohl er dazu bereit wäre. Längst nämlich hat, mit oder ohne Andenpakt,[1] die Klasse der Nur-Politiker alle Räume zugestellt. Verräterisch ist zumal der Begriff des „Seiteneinsteigers", zwingt er doch die Vorstellung auf, ein „ordnungsgemäßer" Einstieg in die Politik finde

---

[1] Als „Andenpakt" bezeichnete der SPIEGEL im Jahr 2003 ein Zweckbündnis, das viele Jahre zuvor über ein Dutzend JU-Funktionäre – Koch, Wulff, Böhr, Pflüger, Oettinger, Wissmann, Bouffier usw. – auf einem Flug von Caracas nach Santiago geschlossen haben soll und in dem es um wechselseitige Unterstützung bei den jeweils erstrebten Karrieren ging.

gleich nach der Schul- oder Studienzeit statt. Eben das halten inzwischen die meisten sogar für eine demokratische Normalität! Wenig wünschenswert sind freilich die Folgen: Parlamenten und Regierungen mangelt es an Leuten mit Gestaltungserfahrung auch außerhalb der Politik, und den Führungsgremien in Parteien und Staat an inhaltlicher Urteilskraft jenseits des rein politischen Gewerbes. In dieser Lage sollten wir vermutlich auf ein Wahlrecht sinnen, dessen Rekrutierungs- und Verhaltensanreize zu einer anderen Zusammensetzung der Abgeordneten führten: Obligatorische Vorwahlen mit Beteiligungsrecht für *alle* Bürger eines Wahlkreises, bevor jemand überhaupt Kandidat einer Partei werden kann, hätten zur Folge, dass erst einmal beim *Volk* angesehen sein muss, wer auch noch in Partei und Parlament Erfolg haben will.

Gewiss prägt auch ihr Machtverlust das Ansehen unserer Parlamentarier. Wer nämlich wenig bewirken kann, gilt bald als armer Tropf. So aber steht es um unsere Parlamente: Die Globalisierung durchdringt die Grenzen des Nationalstaats mit Funktionszusammenhängen, die sich – wie die internationale Sicherheit und das System der globalen Märkte – nicht mehr in dessen Handlungsrahmen gestalten lassen. Das trotzdem in Aussicht zu stellen, bringt zunächst vielleicht Wählerstimmen, anschließend aber Verdruss. Und mit welchem Geld will man eigentlich Politik machen, parlamentarische Gestaltungskraft zeigen? Der Schuldendienst frisst inzwischen ein Viertel des Staatshaushalts, der Sozialstaat über die Hälfte, und obendrein stoppt die verfassungsmäßige Schuldenbremse das „Weiter so" beim Politikmachen. Wie viel leichter konnten doch die Politiker der 1960er und 1970er Jahre Ansehen gewinnen, wenn sie mit dem Füllhorn übers Land zogen, und wie viel schwerer haben es nun jene, die den entstandenen Mangel verwalten müssen! Es ist einfach zu Ende gegangen mit der Überflussgesellschaft des europäischen Wirtschaftswunders, die Wohlstand, soziale Sicherheit und das Gefühl bescherte, Aufgabe sei es allein, an Verbesserungen zu arbeiten. Jetzt aber stehen die Abgeordneten vor international nie gekannten Herausforderungen, haben innerstaatlich vieles glücklich Erreichte rückzubauen und in der Eurozone substanzangreifende Verteilungskonflikte zu bestehen. Das alles führt zur Überforderung der Politiker und zum Murren in den Völkern. Hinzu kommen die Reaktionsträgheit von politischen Institutionen, die stark konsensabhängig sind, sowie mehr und mehr Versuche, beim Ringen um eine Überwindung der europäischen Schuldenkrise ausgerechnet die Parlamente zu überspielen.

Im Übrigen nehmen Wahlkämpfe und Wahlversprechen ihren derzeit so oft unernsthaften, leichtfertigen Charakter nicht nur deshalb an, weil es die politische Klasse so will. Es wird da schon auch gesellschaftliche Nachfrage nach einfachen Antworten auf simple Fragen befriedigt, desgleichen die Hoffnung der meisten Bürger, von schmerzenden Maßnahmen verschont zu bleiben. Doch unweigerlich gerät die politische Klasse zwischen die Mühlsteine der nicht länger zu beschönigenden Wirklichkeit und der diese Wirklichkeit noch nicht akzeptierenden öffentlichen Meinung. Die Boten trifft dann der Zorn über die Nachricht. Der drückt sich aus in abfallenden Zustimmungsquoten für Regierung und Parteien, im sinkenden Vertrauen in die Kompetenz der Politiker, im verächtlichen Reden über Politik, in verweigerter politischer Partizipation.

Doch wie viel politische Potenz und Kompetenz darf eigentlich brachliegen, ohne dass eine Demokratie Schaden nimmt? Wie viel Politikerverachtung verträgt eine politische Klasse, bevor sie sich auf Selbstsucht oder Zynismus zurückzieht? Und wie viel Politikverachtung hält ein freiheitliches Gemeinwesen aus? Sicher lassen sich solche Grenzen nicht genau angeben. Doch sie auszutesten, wäre töricht. Will man sie aber nicht austesten, dann muss man sich klarmachen, wo unser Gemeinwesen *wirklich* seine politisch-kulturelle Achillesferse hat: nämlich bei den vorherrschenden Vorstellungen bzw. Vorurteilen gegenüber unserem politischen System und seinen Repräsentanten. Institutionelle Reformen allein werden nicht reichen, so wünschenswert sie auch wären: Vorwahlen für alle Parlamentsmandate, mit denen sich die Zusammensetzung unserer politischen Klasse zum Besseren verändern ließe; auf Unterschriftensammlungen zurückgehende Volksabstimmungen, mit denen vom Parlament bereits verabschiedete Gesetze wieder aufgehoben werden könnten, was dem „Durchregieren" von Parlamentsmehrheiten ebenso wehrte wie steriler Aufgeregtheit von Oppositionsparteien (siehe Patzelt 2011); ja vielleicht auch ein persönliches Wahlrecht von Erziehungsberechtigten zugunsten noch nicht wahlberechtigter Kinder, was die politische Klasse zur besonderen Berücksichtigung der Interessen jene Wählergruppe zwänge, die unsere Zukunft sichert (siehe Meixner 2013).

Literatur

Hättich, Manfred (Hg.) (1985): Die politische Grundordnung der Bundesrepublik Deutschland in Politik- und Geschichtsbüchern, Melle

Meixner, Gerhart (2013): Plädoyer für ein „höchstpersönliches Elternwahlrecht zugunsten des Kindes", in: Zeitschrift für Parlamentsfragen, Heft 2

Patzelt, Werner J. (1995): Abgeordnete und ihr Beruf. Interviews, Umfragen, Analysen, Berlin

Patzelt, Werner J. (1996): Deutschlands Abgeordnete. Profil eines Berufsstandes, der weit besser ist als sein Ruf. In: Zeitschrift für Parlamentsfragen, Jg. 28, S. 462–502

Patzelt, Werner J. (1998): Wider das Gerede vom „Fraktionszwang"! Funktionslogische Zusammenhänge, populäre Vermutungen und die Sicht der Abgeordneten. In: Zeitschrift für Parlamentsfragen, Jg. 29, S. 323–347

Patzelt, Werner J. (1998): Ein latenter Verfassungskonflikt? Die Deutschen und ihr parlamentarisches Regierungssystem. In: Politische Vierteljahresschrift, Jg. 39, S. 725–757

Patzelt, Werner J. (2000): Die Abgeordneten. Aufgaben, Selbstverständnis, Amtsführung. In: Zehn Jahre Sächsischer Landtag. Bilanz und Ausblick. Festschrift 10 Jahre Sächsischer Landtag 1990–2000, hrsg. vom Präsidenten des Sächsischen Landtags, Dresden, S. 84–108

Patzelt, Werner J. (2004): Die Deutschen und ihre politischen Missverständnisse. In: Breit, Gotthard (Hg.): Politische Kultur in Deutschland, Schwalbach/Ts., S. 89–116

Patzelt, Werner J. (2005): Warum verachten die Deutschen ihr Parlament und lieben ihr Verfassungsgericht? Ergebnisse einer vergleichenden demoskopischen Studie. In: Zeitschrift für Parlamentsfragen, Jg. 36, S. 517–538

Patzelt, Werner J. (2010): Soziomoralische Grundlagen und politisches Wissen in einer Demokratie. In: Lange, Dirk/Himmelmann, Gerhard (Hg.): Demokratiedidaktik. Impulse für die politische Bildung. Wiesbaden, S. 43–54

Patzelt, Werner J. (2010a): Populäre Missverständnisse „direkter Demokratie" als Herausforderungen von Politik und politischer Bildung. In: Neumann, Peter/Renger, Denise (Hg.): Sachunmittelbare Demokratie im interdisziplinären und internationalen Kontext 2008/2009. Deutschland – Österreich – Schweiz. Baden-Baden, S. 211–223

Patzelt, Werner J. (2010b): Was für Politiker brauchen wir? Ein normativer Essay. In: Edinger, Michael/Patzelt, Werner J. (Hg.): Politik als Beruf. PVS-Sonderheft 44, Wiesbaden, S. 70–100

Patzelt, Werner J. (2011): Welche plebiszitären Instrumente könnten wir brauchen? Einige systematische Überlegungen, in: Jahrbuch für direkte Demokratie 2010, Baden-Baden, 2011, S. 63-106

Patzelt, Werner J./ Algasinger, Karin (2001): Abgehobene Abgeordnete? Die gesellschaftliche Vernetzung der deutschen Volksvertreter. In: Zeitschrift für Parlamentsfragen, Jg. 31, S. 503-527

GPSR Compliance
The European Union's (EU) General Product Safety Regulation (GPSR) is a set of rules that requires consumer products to be safe and our obligations to ensure this.

If you have any concerns about our products, you can contact us on

ProductSafety@springernature.com

In case Publisher is established outside the EU, the EU authorized representative is:

Springer Nature Customer Service Center GmbH
Europaplatz 3
69115 Heidelberg, Germany

www.ingramcontent.com/pod-product-compliance
Ingram Content Group UK Ltd.
Pitfield, Milton Keynes, MK11 3LW, UK
UKHW021259180426
11947UKWH00015B/919